Fabien PRIGNOT

Pas sans Elle

« La femme est une pierre précieuse à qui saura la faire briller »

BoD

© 2016, Prignot, Fabien
Edition : Books on Demand,
12 / 14 rond point des champs Elysées, 75008 Paris
Impression : BoD - Books on Demand Norderstedt, Allemagne
ISBN : 9782322132287
Dépôt légal : Décembre 2016

Pas sans Elle…

L'amant

Servir la muse comme un espoir
Obnubilé par l'envie de la voir.
Partager un regard, un sourire,
Hypnotisé par ses yeux bleu saphir.
Immobile, devant sa main tendue
Entrevoir une timidité mise à nue.
Séduit par la femme qui t'enchante
Obsédé jour et nuit, elle te hante.
Pavoiser ses cheveux ondulés
Halluciné par sa voix adulée
Irrésistible, tu veux être devant
Eblouir, la femme, comme un amant...

L'âge mûr

Quelle est cette étrange créature
Pourvue d'une belle architecture
Mise au rang de sculpture
Elle porte seule sa signature.
Qu'on aperçoit sur son armature
Sans regarder sous la ceinture
Une femme très mature.
Elle ne cherche pas l'aventure
Mais plutôt l'ouverture
Vers le lointain, le futur.
Cette femme d'âge mûr
Est un régal, de la confiture,
Simple, à mettre en peinture !
Je la trouve très nature
Allant même à en faire des boutures.
Si ton attention, la capture
Tes mots deviennent des murmures,
Elle irait presque à s'allonger sous la couverture.
Elle déteste l'imposture,
Encore moins la filature

.../...

Mais à la vue de la conjoncture,
Après ses mésaventures,
Elle ne cherche pas une bonne pointure
Simplement, qu'on la rassure
Sans aller jusqu'à conclure.
Si elle sent la moindre rature
Sans vivre une dictature,
Elle mettra un terme, une clôture
En guise de rupture...

Petit ange

Un mélange de soleil radieux
Accompagné du bleu de tes yeux,
De ta beauté divine
A ta douceur angevine,
Tu as fait de moi un serviteur
Dont la prose, je suis compositeur.
Voulant être ton bienfaiteur
Ton petit ange en est solliciteur
Entre nous est née de la complicité
Le voilà de nouveau ressuscité.
Doucement sur toi, le voile se lève
Mon amour pour toi, je le relève
Une offrande n'est pas nécessaire
Le jour de ton anniversaire
Je me dois de te surprendre
Pour que de toi à moi, s'éprendre...

Bébé

Cette jeune femme féconde voulant mettre un bébé au monde
Etre mère simplement, c'est la seule chose qu'elle réponde
Son petit ventre est bombé, devant tu y as succombé
Dessus tu y poses tes mains, en enfance tu es retombé

Caressant ainsi ce petit à travers le corps de sa mère
Doucement tu le sens bouger, les coups de pieds tu les tolères
Tu laisses un message au ventre, jusqu'à son oreille il rentre
Petit fœtus grandissant, autour de toi je me concentre

Nous sommes liés pour l'éternité, toi maman, tu m'offres la vie
Enfin je vais te rencontrer, apparaître tu me donnes envie
Tu seras maman franchement courageuse à l'accouchement

Pour moi, tu seras la première femme de cœur, ma lumière
Ta douce voix est mon bonheur, de toi je serai toujours fier
Tu me guideras dans la vie, je t'aimerai farouchement...

Bas de laine

Elle est ce petit bout de femme
Sans faire de réclame
Représentant la féminité
Un mélange de douceur et de félinité
Sans pour autant la connaître
Et sans rien laisser paraître,
Il trouve qu'elle a de l'aisance
Au beau milieu de l'assistance
Que ces idées soient claires,
Sans pour autant déplaire
En regardant sa silhouette
Qui s'éveille au chant de l'alouette,
Elle est un vrai bas de laine
Un éclat de porcelaine
Brillant de chaleur
La petite a de la valeur
Ce petit accent sur sa langue
Ivre et qui tangue
Au moindre mouvement de sa bouche,
Elle nous le sert et nous touche...

Apparition

Regarder une femme dans la rue
De coin de l'œil, elle est apparue
Sa démarche légère accourue
Demande à être secourue
Sans faire de gestes accrus
Pourquoi tant de risques encourus
Pour une idée incongrue
A mettre les bœufs devant la charrue
Il pensait que la belle était férue
Tant de chemin parcouru
Pour finir dans une rue obstrue
Mais par où, est elle disparue ?

A trop en faire

N'ayant d'yeux que pour elle
Comme une fleur naturelle
Il exalte devant son épouse
Qui est quelque peu jalouse
Etant prêt à louer un encart
Sans qu'il ne soit mis à l'écart
Pour montrer au monde entier
Sans oublier le moindre quartier
Que l'amour, il l'a dans la peau
Que ce n'est pas du pipeau
A force de montrer sa flamme
Il a peur qu'elle ne s'enflamme
Et de trop près la brûler
A moins qu'elle ne soit simplement saouler
Ne voulant pas d'une simple amourette
Il pourrait lui conter fleurette
Ils voudraient une vie calme
Pour s'attribuer la palme
En regardant leur existence
Ils veulent conserver l'omnipotence
N'ayant plus de propos
Ils réclament le repos...

Solitude

Mon cœur, une nuit passée sans toi
Est une nuit d'effroi
Seul, allongé sous mes draps
Je me sens un peu las
Mes bras ont l'habitude de serrer ton corps
Et là, je suis un peu sans le décor
La nuit fût sans fin
Il manque ton parfum
A avoir trop de place dans mon lit
Ne crois pas que je t'oublie
J'ai besoin de te dire
Sans vouloir te faire sourire
Que la prochaine nuit
Je ne sois pas seul dans l'ennui...

Réconfort

J'ai besoin de réconfort
Dans ma tête ça ne va pas fort
Mon cœur se noie sous des milliers de larmes
La tristesse est réapparue accompagnée de ses armes
Je ne sais plus quoi te dire
Pour arriver à te faire sourire
Il me manque encore des mots
Pour l'instant je courbe le dos
A force de mettre des bâtons dans les roues
Et de me traîner dans la boue
Je souffre de cette situation
J'en arrête là mes lamentations
Je me battrai jusqu'au bout
Sans l'aide d'un marabout
Pour que la poésie vive
Au beau milieu de mes convives
J'aimerai compter sur tes bras
Pour qu'un jour on la célébra
Il est passé où, mon félin
Mes bras sont orphelins

.../...

*De l'écrin le plus doux
Pour y mettre mon plus beau bijou
J'ai besoin de ton soutien
Et ma poésie, je la maintiens...*

Le combat

Entre l'homme et la femme
Il y a toujours eu un dilemme
C'est un éternel combat
Qui ne mène pas au célibat
Il ira jusqu'à livrer bataille
Affrontant mécréants et canailles
Pour que sa belle reste sous son charme
Sans verser la moindre larme
En escaladant les montagnes
La dame, il la gagne
Il montre ainsi sa bravoure
Pour sa fiancée qui savoure
A force de charge et d'abordage
Il n'entend plus les bavardages
La femme verra dans l'épreuve, une missive
Qu'elle esquivera à chaque attaque offensive
Elle profite de la moindre escarmouche
Pour qu'à son tour, elle le mouche
Et à force de rivaliser avec le mécène
Elle entre enfin sur la scène.

.../...

Ils se livrent le combat
Devant l'assaillant, elle succomba
En voulant concilier combat et amour
Elle déboute le gaillard à son tour
Ne souhaitant plus être éclaboussé
Il en a marre d'être repoussé
Tous ses assauts sur la gente dame
Il aime lorsque cette dernière s'exclame
Elle n'ira pas jusqu'à l'éconduire
Mais simplement à la retenir...

« Si l'homme sublime sa force
La femme dans la douleur, elle se renforce »
        Fabien PRIGNOT

Un rêve

Il se promène dans la forêt
Empruntant les petits sentiers
En arrivant sur la clairière
Protégée par une barrière,
Le soleil ravive les couleurs
Oubliant les craintes et les peurs
Allongé dans l'herbe haute
Tout d'un coup, il sursaute
Elle est penchée au dessus de lui
Son visage reluit
Ses yeux sont en amandes
Dans son regard, il lui quémande
Juste un petit sourire
Comme si c'était son dernier soupir
Refermant un instant les yeux
Comme pour un adieu
Il replonge dans ses songes
En espérant que la belle s'allonge
A son côté si douillet
Sans vouloir le dépouiller
Juste le temps d'un rêve
Ou simplement d'une trêve...

A l'intérieur

Sa beauté intérieure
Est à l'image de son intérieur
Un espace immense
Une chaleur si intense
Etant d'une extrême gentillesse
Sa douceur en est à la délicatesse
C'est avec un immense plaisir
Si, cet instant on peut le saisir
Le tout est de ne pas oublier
Mais de laisser le sablier
Couler le temps qu'il faudra
L'avenir nous prévaudra
Du mal que l'on peut faire
Lorsque l'on ne sait pas se taire
L'amitié est une sensation forte
Que seul peu de gens remporte...

Douceur d'un tapis

Sa peau est un tapis persan
Qui devient douce en la caressant
Elle est une femme admirable
Etre à ses côtés, c'est formidable
Jouant souvent son rôle
Parfois pas toujours drôle
Elle vient d'être touchée
Il ne veut pas l'ébranler
Du bout des doigts, il l'effleure
Mais il ne voit pas qu'elle pleure
Ce sont juste des larmes de joies
Qui coulent sur la soie
De ces moments instantanés
Qu'il sait si bien tanner
Le charme qu'il déploie
Lorsque vous êtes sa proie
Il vous l'offre en amour
Sans contrainte, ni détour...

L'écoute

Elle a beau avoir chez elle tout le confort
Il ne lui manque que le réconfort
Peu importe le prix que cela lui coûte
Elle veut simplement avoir un peu d'écoute
En lui existe une infime part de féminité
C'est tout là, sa sincérité
Ils ressentent la même chose
Se battent pour la même cause
En cherchant ici bas
La chaleur de ses bras
Ce n'est pas le hasard d'une rencontre
Près d'elle, il veut être tout contre
Tous les mots s'envolent
Ensemble ils virevoltent
Comme un morceau de soie
Que l'on veut garder pour soi
L'amour est toujours passionnel
Puisqu'il est intentionnel...

Le lion

Elle est si loin de moi
Et pourtant si prés de mon cœur
En pensant à elle, je suis en émoi
Elle est bien plus qu'une sœur.
Je dois être un lion
Pour me battre avec tant de force
Quelques gestes de rébellion
Sans être féroce.
Je voudrais la dompter
Pour qu'elle devienne câline
De l'aide, je peux en compter
En restant légèrement féline.
Ils voudraient se mettre en cage
Faire l'amour comme des bêtes
Et se dire qu'à leur âge
Plus rien ne les embête.
Sous les feux de la rampe
Ils sont sous les projecteurs
En mâle, je me campe
A vouloir être son protecteur.
Dans la ville de lumière
Elle s'y éternise
Puis rentre vite la première
Pour qu'ils s'harmonisent...

Sous l'armure

L'amour lui a ouvert les yeux
Lui a permis de voir l'objet précieux
C'est une femme simplement
Mais une femme agréablement
Qui, par son regard, cherchait le sien
Lui, étant vêtu comme un circassien
En posant sa main sur lui
Comme sur une pièce d'or qui reluit.
Elle a fait preuve de courage
En lui donnant sa rage,
Elle ne savait pas que sous l'armure
Et dans un timide murmure
Il était pourvu d'une extrême sensibilité
Dés lors, il prend la responsabilité
De lui donner espoir
Sans aucun désespoir
De la faire sourire
Et la vie la réécrire
Il aura usé de toute son habilité
Afin que cette femme retrouve sa stabilité...

La tendresse est belle

L'amour et la tendresse
C'est pour moi, signe d'adresse
Un mélange des mots et des instants
Donnant un vrai sens en l'accréditant
Il n'y a pas de plus belles richesses
Qu'un homme plein de délicatesse
A trop montrer ses sentiments
Il accepte le châtiment
Sans espérer se brûler les ailes
Sans audiences solennelles
Ne voulant pas être papillon
Il se préfère grappillon
Offrant l'amour fusionnel
Aux amants passionnels
et se dire que ce rêve
N'aura jamais de trêve
Puisque n'étant pas éphémère
Elle ne ressemble pas à chimère...

Le sud

Sur les hauteurs de Collioure
Il est là, pour lui faire l'amour
Aux abords de la corniche
Cet instant si riche
C'est la passion qui les dévore
Ils ne le savent pas encore
Elle contemple le paysage
Lui ne regarde que son visage
En écrivant cet instant magique
Elle le décrit à grand coups d'obliques
Leur passion est à son paroxysme
Bercée par l'érotisme
Lorsqu'enfin ils découvrent
Sans être sous les douves
Que leur mélange à eux
Est un nouvel enjeu
Une vie de découverte
Ne voulant plus être recouverte
Mais de mordre à pleine dents
Avoir la hargne et le mordent
D'aller au bout de l'aventure
Et surtout qu'elle perdure...

Fantasme encore

Je ne te fais pas de promesse
Juste envie de caresse
Viens chercher la chaleur
Perdre ta pâleur
De ce feu bouillant
En nous si chatouillant
Qu'il en excite le plaisir
Juste à le saisir
A deux doigts de te l'offrir
Sans te faire souffrir
Juste de la douceur
Pour ton petit cœur
Et de l'amour
A toi pour toujours
Si seulement je dis vrai
Pour la vie t'enivrer...

Douceur

Il ne cesse de penser à l'ange qui est apparu
En lui offrant l'amour si convenu
Elle parle de lui, c'est flattant
Ayant du mal à se quitter, c'est charmant
Il est un prince plein d'inspiration
Qu'il met à sa disposition
Où les mots dansent dans sa tête
Comme si c'était jour de fête
En réponse à ses dires très touchants
Allant à la sensibilité de tous les instants
Sa douce voix est une berceuse à ses oreilles
Qui n'a pas son pareil
En poursuivant à deux cette nuit rêvée
Dans les bras l'un de l'autre pour qu'elle puisse s'achever
Bercée par les doux baisers
Oh combien, ils sont pesés
Elle les dépose de ses lèvres douces
Ensemble, ils s'éclaboussent...

Le temps au temps

*Ce n'est pas une proposition indécente
Juste l'envie d'une femme si douce
Caressée par une main innocente
Que je touche du bout du pouce
Elle peut prendre le recul qu'il faudra
Mais qu'elle revienne vite sous ses draps
On saura attendre
Pour mieux s'éprendre
Elle se balance sur les cordes de son cœur
D'où elle en tire la liqueur
Il en arrête là, ses écritures
Simplement lui dire que dans le futur
Il veut être proche d'elle
Etre sa chandelle
Leurs chemins sont liés
Peut être un jour, se multiplier...*

Avenir

Sans connaître l'avenir
Et ce que nous allons devenir
Je voudrais ne jamais fermer les yeux
Sur ce moment joyeux
 Je te laisse de cet instant
Que j'aimerais retrouver tant
Que le rêve ne s'écroule pas
Au premier faux pas
Pour que tu sois dans mes bras
Et dans la nuit, on sombrera
L'envie est de plus en plus forte
De l'amour pour l'autre que l'on porte
Rien ne me fait peur
Au contraire, je fonce à toute vapeur
Juste une belle histoire
Sans échappatoire
D'un amour d'antan
Qui dure dans le temps...

Entraide

Il lui a donné son cœur
Elle l'a repris sans rancœur
Ne voulant plus se voiler la face
Mais, le danger, y faire face
Sur le passé, en tirant un trait
Elle a montré pour lui son attrait
Ils repartent à la découverte
De la vallée verte
Retrouver le réconfort
D'un amour si fort
Se serrant les coudes
Sans avoir à en découdre
Les baisers sentent la fraîcheur
Comme la volonté du bêcheur
De nouveau des vibrations
Sans défibrillation
Les cœurs vivent
La flamme se ravive
Plus jamais de douleurs
Mais un amour de bon rouleur...

Rendez vous

Il lui donne rendez vous
Madame le voulez vous
Oui, lui répond-elle
Aussi sûre d'elle
L'endroit est discret
Mais surtout secret
Une liaison fatale
Bien plus qu'idéale
Une histoire sans lendemain
A s'en laver les mains
Juste un coup de folie
Qui devrait être aboli
Pas besoin de faire de dessins
Son esprit assassin
A suffi pour faire mal
Dans un cadre anormal
Le jeu, en vaut-il la chandelle
Alors méfie-toi d'elle...

Désormais

Lorsque je te regarde
Sans vraiment crier garde
Je ne me pose aucune question
Ma seule suggestion
C'est notre histoire
Que l'on appelle combinatoire
Je me tourne vers tes bras
Et c'est ton regard qui vibra
Cette étincelle comme une puissance
Chancelle en reconnaissance
Parfois les mots adoucissent
Lorsque les idées noircissent
Parfois ils ne servent à rien
Lorsqu'ils sont vauriens
Je veux un amour paisible
Mais surtout pas nuisible
Où l'on trouve l'épanouissement
Et non l'évanouissement
Tenant à toi bien plus que jamais
Ma vie, c'est toi, désormais...

Désir

Cette nuit de folie
Se glissant dans son lit
Il anoblit son corps
En jouant sur tous les accords
C'est pour lui capital
D'aller parsemer de pétales
Cette chambre rose
Juste à petite dose
Voulant la sentir flâner
Le parfum qu'il a glané
Repose sur les draps
Où elle s'étendra
Croyant vivre un rêve
Et avant qu'il ne s'achève
Elle espère y revenir
Sans aucun souvenir...

Solitaire

*Agissant comme un enfant
Avec sa mémoire d'éléphant
Au milieu de la savane
Il erre et se pavane
D'un pas rustique
A son esprit caustique
Constamment sur la défense
A la recherche du silence
Il vagabonde.
Les fleurs moribondes
Jonchées sur le chemin
En un tour de main
Il leur donne vie.
De la mort, les dévie
En gardant l'espoir
Pour une soif, une poire
Triste et orphelin
Il cherche le câlin
Voulant ne plus être solitaire
Comme un vœu salutaire...*

Cœur à corps

J'entends battre son cœur
Sans demi-mesure
Le mien devient « répliqueur »
Allant jusqu'à l'usure
La peur d'être matraqueur
D'y faire une fissure
Une petite dose de liqueur
En guise de frisure
Un peu d'assortiment
Forme le décor
Un simple compartiment
Liant leur accord
Pour finir intimement
A battre des records
Aucun châtiment
Ne se pose sur son corps
Juste un sentiment
De faire un raccord...

Immunité

En quittant la vie commune
Comme une maladie auto-immune
Il Fait fuir la colère
Bien qu'il la tolère.
Plus de cri de rupture
La douceur la capture.
Un disque de vinyle
L'aide à retrouver son style.
Dans le rêve se transporte
Faisant tout, il s'y conforte.
Dans un joli euphémisme
Gardant son optimisme.
Un zeste de nourriture
Des pages d'écriture.
L'amour qu'il nécessite
Pour trouver la réussite.
Il ira le chercher
Pour un jour le toucher...

Esthétique

Ce n'est pas de « l'intox »
Il n'y a pas de botox®
Enlevant l'élastique
Remplacé par du plastique
Le corps se transforme
Modifiant ainsi les formes
Du contour de ses seins
Sans support ou dessein
A la silhouette de ses fesses
Le mèneront à confesse
Ses lèvres ont du relief
Elles y serviront de fief
Sans recours au collagène
Son corps est homogène
Aucun acte de chirurgie
Son physique a surgi
Pas besoin d'implant
D'un regard contemplant
L'enveloppe corporelle
Son anatomie est naturelle
En un mot elle est parfaite
On lui ferait bien sa fête...

Sa demande

Lui disant : « tu m'accompagnes »
Dans le fin fond de ma campagne
Ils partirent dés le lendemain
Les deux mains dans la main
Lorsqu'elle lui tendit la perche
Il ne savait pas que sa recherche
De ce si long voyage
Passait d'abord par un étayage
Restant la bouche ouverte
Devant la proposition qui lui est faite
Il écoute son palpitant
Qui en le précipitant
Pour répondre dans l'affirmatif
Pas du tout approximatif
Et mettre la bague à son doigt
Tout comme il se doit
De réaliser son rêve
Qui dans la nuit qui s'achève
Il aura fallu que du piment
Vienne toucher le pigment

.../...

Dans cette insouciance
Ils ont pris conscience
Que ce jour est arrivé
Où l'amour les a arrimés
Pouvoir un jour de se marier
Oui, il voudrait y parier
Que ce soit sa plus belle récompense
Sans aucune dispense
En lui lisant ce texte
Il se sert du prétexte
Comme seul trajectoire
Pour signer sa victoire
En lui demandant sa main
Pour continuer leur chemin...

Prétention

Il n'y aura pas de triche
Même si je ne suis pas riche
Il faudra que tu te souviennes
En souhaitant que tu sois mienne
Ne voulant plus que ma faiblesse
Puisse un jour, qu'elle ne te blesse
Simplement, tu es une femme
Avec ton cœur tu m'enflammes
Tu n'as jamais eu d'attention
L'étendue de mes prétentions
Pourrait peut être t'impressionner
Pour toi, je me suis passionné
Je voudrais être sur une plage
Caresser ton doux pelage
Une étreinte inlassable
Sur le plus douillet des sables
Nos baisers sont des échanges
Nos corps nus qui se mélangent
Sans toi, je serai un peu fou
Notre amour ne sera pas flou
Une valse pour premier pas
Une douceur nous enveloppera
Pour moi tu es l'essentielle
Je te porterai jusqu'au ciel...

Prendre conscience

Cette histoire cousue de fil d'or
Lentement le charme et l'endort
Pensant à son petit visage d'ange
L'envie de le toucher démange
Ne souhaitant pas de liaison secrète
Mais une bien réelle et concrète
Il a pris le temps de la décision
Pour se sortir de cette dérision
Ne voulant plus de l'amour de l'autre
Où, dans cette situation il se vautre
Ayant mal et tout corrompu
En laissant son corps rompu
Qui lui fasse prendre conscience
Qu'il n'y a pas de science
Et bien que le verbe aimer
Doucement, il s'en remet
Pour à nouveau le déposer
S'il peut un jour oser...

Sensibilité

Les grands mots tendres enrobés de douceur
Se posent sur ma bouche et pas sur mon cœur
En utilisant le bon sens du verbe
Les paroles lancées sous forme de gerbe
Arrivent à nos oreilles en tendresse
Lentement s'installent comme une caresse
Le visage serré les yeux larmoyants
Les mots tactiles deviennent foudroyants
La sensibilité à fleur de peau
S'utilise comme un léger drapeau
Pour montrer son bel et fort intérieur
Invisible à l'œil nu de l'extérieur
En livrant ainsi ses belles qualités
Pour la plus belle, il voudrait s'aliter
Et l'attirer dans son petit piège
Ou lui tenir simplement un siège
Elle lui apparait de par sa beauté
Une douceur sans un doigt de cruauté
Les douces phrases dont il s'équilibre
Pour ses beaux yeux, il vient d'être libre...

Nouveau départ

Je ne sais pas comment le lui dire
Ne souhaitant plus la faire souffrir
De ma vie, prendre un nouveau départ
Avec elle, c'est l'aventure je pars
Etant vraiment prêt à tout plaquer
Pour simplement contre elle me plaquer
Avec l'espoir que tous ces grands rêves
Que ce beau jour soit signe de trêve
Puissent-ils un jour se réaliser
Pour qu'enfin ils soient légalisés
Pour elle, je lui dirais les mots bleus
Les mots qu'on se dit avec les yeux
Afin de lui « narrer » notre amour
Que l'on veut espérer tous les jours
Ne voulant plus que le couperet
Tombe sur sa tête que l'on couperait
Ne jamais douter de l'étreinte
Mais plutôt croire à son astreinte
Comme une sucrerie à la praline
Lentement en bouche, elle se câline...

Tu seras

Toujours mon étoile qui brille dans le ciel
Légèrement confidentielle mais beaucoup sensorielle
A la croisée des chemins sur la voie lactée
Je serai encore là pour te contacter
Et dans le fin fond du firmament
Ton visage sera mon médicament
Où que tu sois dans le monde
Ma pensée solennelle et profonde
Peut être un jour une étoile filante
Pour moi, tu es en permanence troublante
Le parfum enivrant que tu déposes sur ma peau
Toujours en finesse, pas comme un impôt
Un baiser posé sur tes lèvres en douceur
 De l'amour, il est juste l'annonceur
Lorsque nos mains se rejoignent
Le désir, la dévotion en témoignent...

A genou

A l'aube du premier jour
Lorsque tu as vu le jour
Tu es entrée dans ma vie
De ce jour, tu me ravis
Constamment tu t'illumines
Tu seras ma vitamine
Et ne jamais te blesser
Et ne jamais te laisser
A toi je veux convenir
Ne pas être un souvenir
Te protéger, il m'incombe
Devant toi, je succombe
Tu ne seras jamais un caprice
Plutôt ma séductrice
De toi à moi à nous
Devant toi, suis à genou...

Dansons

*Je passerais des journées dans la cour
A attendre qu'elle vienne me faire la cour
Je voudrais pour elle écrire des chansons
Autour d'elle, si seulement nous dansons
Dans l'attente d'un regard ou d'une parole
Quand soudain le temps me paraît moins drôle
Elle apparait soudainement devant moi
Sa douceur lissante me laisse en émoi
Toute la chaleur qu'elle dégage de son corps
Me pénètre jusqu'à en faire mon décor
Les bienfaits de cette femme très touchante
On fait d'elle qu'elle devienne attachante
D'elle, je ne pourrais jamais m'en passer
Cette chance ne pas la laisser passer
La vie deviendra une réelle musique
Adoucie par des exercices physiques
Plus aucune fausse note ou de désaccord
Mais un réel tempo en guise d'accord
Autour d'elle tout l'amour qu'elle me sème
Tout simplement pour qu'enfin on s'aime...*

Ce qui me reste

De toi, tout ce qui me reste
Espérant encore un geste
Je ne vois pas que tu pleures
Toutes tes souffrances et tes douleurs
L'avenir qu'on s'est juré
Crois-tu qu'on l'a savouré !
Je suis prêt à tout te donner
Si tu pouvais me pardonner
De toi, tout ce que je veux
Toujours toucher tes cheveux
Encore voir tes yeux briller
Pas l'amour qui peut vriller
Que tu fasses un peu d'effort
Je veux être ton réconfort
Une épaule où te poser
Je peux tout te proposer
Si simplement tu m'écoutes
Je ne veux que rien te coûte
Recréer une complicité
Et pouvoir te féliciter
Car pour moi tu es mon royaume
Sans l'armure et sans le heaume
Devant moi, je veux trouver
L'amour que l'on a éprouvé...

Commerçante

En passant devant son étal
D'un coup, il tombe et il s'étale
La voilà prise d'un fou rire
En échange, il rend un sourire
Elle tend la main pour le lever
Il tenterait de l'enlever
Voilà une drôle de rencontre
Si c'est le hasard par contre
Il admet sans coïncidence
Qu'il aurait préféré une danse
Lorsque leurs mains se sont touchées
Sur son visage, il a louché
Après avoir fait connaissance
Voici bien la renaissance
En partant d'un simple incident
Les voilà un peu confidents
En tombant devant sa porte
C'est elle qu'il rapporte
Comme un précieux trophée
Qui ne demande qu'à s'étoffer...

Je t'aime

Pour moi, ton nom de baptême
Est tout simplement je t'aime
Il n'y a rien de suprême
Tu es toujours mon emblème
Ne pas avoir de secret
Pour moi tu es bien concret
Lorsque tu deviens moins farouche
Que pour finir, tu te couches
Le plaisir vient t'envahir
Il est là pour t'ébahir
L'amour présent à vivre
Ce délire nous délivre
C'est un peu une friandise
Que l'on mange par gourmandise
Tous nos ébats amoureux
Sont à la fois langoureux
Pour nous mener à l'éternel
Toujours dans l'émotionnel...

Juste pour son plaisir

Si je peux me permettre
Je voudrais vous remettre
Juste ces quelques lignes
Vos jambes rectilignes
Sont d'une rare beauté
Son corps n'est pas raboté
Sculpté tout en finesse
Légèrement en esse
Bien galbée de l'avant
Si tu regardes devant
Peu tiré vers l'arrière
Si tu te trouves derrière
Si tout est bien ferme
Le secret elle l'enferme
Etre autant raffinée
Un plaisir peaufiné
L'envie de vous toucher
Me pousse à me coucher
Vouloir vous contempler
Il est vrai qu'elle me plaît

.../...

A l'idée qu'elle m'échappe
Elle succombe, j'en réchappe
A vouloir tout lui dire
Mais sans la contredire
Qu'avec un corps de rêve
Elle fait monter la sève
Juste pour son plaisir
Que l'homme la désire...

Infirmière

Monsieur vous avez de l'asthme !
Non simplement un fantasme
C'est une belle infirmière
Je n'ai pas dit une fermière
Dès que je la vois je tousse
Elle, devant moi, se trémousse
En remuant son « popotin »
Sans réaliser de « potin »
Sur elle, le blanc lui va très bien
Elle, elle me correspond très bien
Je serai toujours son patient
Mais en permanence impatient
Un baiser, je veux lui voler
Pour ensemble se survoler
Même si, c'est un rapide instant
Justement en prenant le temps
A tout lui faire pour succomber
Sans la provoquer à tomber
Lui enlevant sa fine blouse
Sans dépenser un seul « flouse »

.../...

Me prenant doucement le pouls
Je me jette à son petit cou
Lui demandant d'être visité
Par jeu et par curiosité...

Un jour une femme

*Il a pour seul bagage
Sorti de son langage
Et un jour une femme !
Quelle prestance cette dame
En plein cœur, elle me touche
Avec elle sous la douche
Caresser son corps nu
Mais qu'est elle devenue ?
C'est une vraie princesse
Un amour de sagesse
Oui, c'est elle que je veux
N'étant plus un morveux
Dans mes bras chaque soir
Elle est mon seul espoir
Pouvoir la supplier
Pour elle me replier
Je veux tout lui donner
L'amour lui fredonner
Elle m'a offert sa vie
D'elle, j'en ai très envie...*

Bise

Lorsque fut venu la bise
Sur sa joue il dépose une bise
Comme une marque d'affection
Pour lui montrer la direction
N'aie pas peur des sentiments
Il n'y a aucun châtiment
Juste un peu de romantisme
En abolissant le mutisme
Il veut lui faire comprendre
Tout ce qui est bon à prendre
Maintenant c'est elle qu'il veut
Pour lui, c'est un nouvel enjeu
Ne rien dire auparavant
Pourquoi maintenant, pas avant ?
Une décision réfléchie
Car son cœur, pour elle, a fléchi
C'est une sage décision
Elle et lui, une bonne précision...

Regard

Il regarde dans l'assemblée
Il voit une femme qui semblait
Lui chercher son tendre regard
Comme sur le quai de la gare
C'est un regard qui est discret
Un vrai moment de pur secret
Pourquoi autant d'insistance
On dirait presque une romance
L'Œil brillant qu'elle lui lance
C'est un peu une relance
Espérant être repérée
Et voir le charme opérer
Jusqu'à puiser dans ses pensées
Avec l'espoir de compenser
Dépourvu d'aucun détour
Mais simplement un retour
Dans les yeux une complicité
Qu'ils vont se féliciter
Sans jamais se dire une parole
Ils ont bien compris leur rôle
Un regard droit dans les yeux
Et se dire de toi, je veux...

Petite fleur des champs

Doucement devant une petite fleur
Pour elle, il devient un souffleur
De mots tendres qu'elle veut entendre
D'une vie où tout est à réapprendre
C'est son intuition féminine
Qui lui fait ressortir ses canines
Ne cherchant surtout pas à mordre
Mais plutôt à remettre tout en ordre
Du bord de la mer d'où ses origines
Un nouveau départ est à l'origine
Dans le but de se reconstruire
Ce qu'en un instant, on peut détruire
D'elle, il ne reste que deux petits bouts
Qui tiennent à peine debout
En cherchant d'abord l'amitié
Il en a gagné, certes, une moitié
Le tout est accompagné de rire
Dans lequel on ne peut que sourire...

Professeur

Elle est bonne en Français
Mais surtout elle le sait
En corrigeant les erreurs de syntaxe
Elle agit bien plus sur un axe
Celui qui va leur créer un lien
Sous forme de vent éolien
Un mélange de conjugaison
En guise de cargaison
Usant des homonymes
Il ne reste pas anonyme
En regardant l'homme écrire
C'est pour mieux la décrire
Le tout accompagné d'un verre
Il manie la plume et les vers
Lorsqu'enfin elle comprend
Que d'elle il s'éprend
Dans la tournure des termes
Ils iront jusqu'à leur terme
Elle qui connaît le vrai sens
Elle finira à contre sens

.../...

D'un baiser volé au détour
Les mots lui tournent autour
Tout simplement
Mais habilement
Si ses phrases ont du style
C'est pour mieux avoir son idylle
Du futur au passé
Les moments pas assez
Usant peu de correction
Pour une seule direction
Parti d'un simple poème
Pour conquérir sa bohème
Il veut la courtiser
Pour enfin attiser
Le langage du cœur
Qu'ils connaissent par cœur
Au quotidien lui faire la cour
C'est un long mais si beau parcours...

Journée de la femme

C'est la journée de la femme
Tu es celle qui est dans mon cœur
Je me dois de te le rappeler

Tu es si présente dans mon âme
Nous deux ça peut être le bonheur
Qui sait, à toi de m'appeler

Aujourd'hui peut être que je rame
Nous deux, c'est une histoire en chœur
Si aimer est à épeler

Toi seule, tu sais faire ma réclame
Sans pour autant être moqueur
Comme un manteau à capeler

Tout cet amour que tu proclames
C'est à toi d'en sortir vainqueur
Ne jamais être à chapeler

.../...

*Nous c'est, haut et fort qu'on le clame
En quelque sorte, c'est la liqueur
Comme un fruit jamais être pelé...*

Gants de velours

Elle a la brillance dans le regard
Il en a autant à son égard
Ses yeux aux couleurs de l'espérance
Ne te regardent pas par ignorance
Son sourire fendu jusqu'aux oreilles
De sa beauté, il ne dépareille
Si ses mains sont aussi longues et fines
Doucement, c'est son charme qu'elle affine
Ses longues jambes si rectilignes
D'un réel agrément qu'il souligne
Ne voulant pas finir sabotée
Elle a ce petit grain de beauté
Installé sur le haut de la fesse
Et préfère surtout qu'on la caresse
Similaire à la fleur du printemps
Le parfum qu'elle dégage entre temps
Comme une abeille sur elle tu te poses
La douceur du miel, tu lui proposes...

L'essence

Il se languit de son absence
Pour lui, elle sera son essence
Un sens à sa toute nouvelle vie
Qui lui a redonné l'envie
Pour elle d'entrouvrir la porte
La lumière qu'elle lui rapporte
Lui servant en seul adressage
La clarté est signe d'un message
Le baiser qu'elle va déposer
Sans pour autant l'indisposer
Pour enfin lui montrer la voie
De se bien être qu'elle entrevoit
Commençant à faire des projets
L'union, il la veut sans rejet
Pour vivre pleinement l'aventure
Qu'ils envisagent sans rupture
Le tout dans un havre de paix
Avec de l'audace sans toupet...

Repos du guerrier pour les yeux d'une belle

C'est de part son regard qu'elle le perce
Par sa si belle armure qu'elle transperce
Plus rien de ce guerrier valeureux
Ne résiste à l'accueil chaleureux
En mangeant dans le creux de la main
De celle qui se dresse sur son chemin
Il retrouve une vie paisible
Ce qui était imprévisible
A fini par se réaliser
Ne voulant pas se focaliser
C'est l'impression de se connaître
Par l'amour, il la fait renaître
Lors d'un soir, un dîner aux chandelles
En investissant sa citadelle
En étant bien au creux de ses reins
C'est un plaisir auquel il s'astreint
De ce brusque changement dans sa vie
Une longue route qui jamais ne dévie
C'est dans le fin fond de la campagne
Accompagné d'une bulle de champagne

.../...

Qui lentement a refait surface
C'est un plaisir d'entrevoir sa face
En caressant le creux de ses seins
Une esquisse qu'il griffonne en dessin...

Partie de cartes

Son corps de déesse en lui suscite
Une très belle partie, une réussite
En voulant être pour elle son valet
Il est utile comme un chevalet
Elle sera pour lui plus qu'une reine
De la douceur mais une vie sereine
Il est vrai qu'elle peut passer à l'as
Mais ce serait bien dommage hélas!
En gardant pour la fin ses atouts
Dans ses yeux, il déclarera tout
A ses côtés, il sera un roi
Et en escaladant ses parois
Pour aller livrer toutes les batailles
Il n'oubliera aucun détail
Sans pour autant y laisser son cœur
En buvant sa véritable liqueur
C'est le triomphe du trèfle sur le pique
Toujours dans ses pensées très utopiques
Un véritable monde sans barreau
Un amour à montrer au carreau...

Séduction

En voulant ainsi croire à son charme
Elle en oubliera toutes ses larmes
S'apercevant de la fluidité
Elle en efface sa timidité
Et peut en vérité succomber
Sous sa séduction, elle est tombée
Sa bouche qui devient érotisée
De ses yeux, elle l'a hypnotisé
Serait-ce le moment de craquer
Sans avoir le besoin de « raquer »
Accompagnés d'un apéritif
Il n'en est rien de superlatif
Est-ce le présage d'une soirée torride
Lui faisant oublier toutes ses rides
Que le souvenir de la jeunesse
Intervient sur lui tout en finesse
Il dépose la chaleur dans sa main
Comme une odeur de fleurs de jasmin
Et c'est au beau milieu de la nuit
Que son doux petit corps a relui
Une soirée à ne pas oublier
Pendant un instant ils étaient liés...

L'inconnue

Que faisait-il au bord de l'eau?
Regardait-il juste le tableau?
Non, la présence de l'inconnue
Il est vrai qu'elle est méconnue
Il leur aura fallu un regard
Pour qu'ils s'en tiennent à cet égard
Si leurs chemins se sont croisés
Leurs doigts se sont entrecroisés
D'un long regard et d'une main
Doucement en un tournemain
Il lui dépose un doux bisou
Sous forme de coup de grisou
Car il a vu dans sa prunelle
Une tendresse intentionnelle
De ce moment de paix royale
Juste pour elle, il veut être loyal...

Esquisse d'un contour

Tes cheveux sont noirs couleur corbeau
Brillants, identiques à ton corps beau
Que tu présentes à moi un soir
Parfumé, suivi de l'encensoir
Il fallait qu'un jour de pleine lune
Un regard discret sur sa « lune »
C'est l'aspect complet de son squelette
Qui lui donne cette idée obsolète
De cet instant, il veut découvrir
L'amour qui est à redécouvrir
Ses grands yeux se posent sur son corsage
Laissant entrevoir que des corps sages
Ses belles mains se posent sur sa peau lisse
Tel un voleur cerné par la police
Dans ses poches on retrouve le dessin
De la sculpture des formes de ses seins
Ses doigts qui apprivoisent son corps tendre
De tous les mots que tu aimes entendre
Si esquisse est un réel délice
Sa vie, sera couverte de lys…

Le souffle

Il aura fallu que tout d'un coup
Un souffle chaud arrive dans son cou
De haut en bas, il fait son chemin
Sur sa peau identique à ma main
Il ira lui donner le frisson
Sur tous ses poils tel un hérisson
Elle est blottie contre son épaule
A eux deux, ils forment un saule
Ce n'est pas le souffle de la vie
Mais c'est plutôt celui de l'envie
Dans le jeu de cette palpitation
Ils y trouvent toute leur excitation
Un long moment de concertation
Mais sans aucune précipitation
En apprenant à se découvrir
C'est de son corps qu'il veut la couvrir
Elle restera sur ce qu'elle vient de ressentir
D'un amour qu'elle veut bien lui consentir...

L'écrin

Si la nuit est sujette au rêve
Elle est aussi parfois très brève
Lors de cette nuit, une étoile
L'envie de la mettre sur la toile
Une seule planète est brillante
Dans sa prunelle scintillante
Aucun désir de la quitter
Son corps, jouer et s'acquitter
Il s'allonge aux pieds de la fleur
C'est pour elle que sa main l'effleure
C'est un trésor qu'elle découvre
D'une main tendre qu'elle recouvre
En goutant à ses lèvres charnues
Pour elle, c'est une mise à nue
Elle y dépose tout en tendresse
Un amour que seule, elle adresse
Ils finissent au creux de l'écrin
Fleur et trésor, plus rien ne craint…

La muse

Il est véridique, qu'elle est ma muse
Il ne faut pas croire, mais il s'amuse
Avec les mots pour les yeux de sa belle
Des phrases, il en a des ribambelles
Dans les yeux, on peut vraiment comprendre
Mais de l'amour, OUI, il faut tout prendre
Elle ne devine pas qu'en plein désespoir
En demandant de l'aide un certain soir
Dans les petits bras musclés d'un ami
C'est dans son lit, qu'il s'y est endormi
Dans sa poésie qu'il met en avant
Devenue une passion dorénavant
Il ira réécrire ce bel instant
Un grand moment de joie qu'il veut constant
Il est dit souvent qu'il est différent
Qu'il peut en devenir un référant
La passion qu'il a pour cette femme
Si présente dans le fond de son âme
Il n'est pourtant ni dieu ni mage
C'est pour elle, qu'il lui rend cet hommage...

La douceur

Au hasard, d'un jour un samedi
Ça me dit de la mettre dans mon lit
Oui mais c'est sûr ! Un beau lit de fleurs
Mais elle seule sait qu'elle est une fleur
En voulant soigner toutes ses blessures
Il en a évité la censure
Tel un bonbon peu acidulé
Pour sa belle fleur, il est adulé
Lentement à l'aide de la louche
Il s'est laissé glisser en bouche
Fondre sous les assauts de la langue
Comme un bateau ivre il tangue
Il s'est laissé glisser sous ses draps
De cette soirée, elle s'en souviendra
Pour que dans le rêve, elle s'enfonça
Pour cet amour, il se défonça
La pensée qu'il a pour cette femme
Il est vrai que peu à peu l'affame...

TABLE DES MATIERES

L'amant	page 5
L'âge mûr	page 6
Petit ange	page 8
Bébé	page 9
Bas de laine	page 10
Apparition	page 11
A trop en faire	page 12
Solitude	page 13
Réconfort	page 14
Le combat	page 16
Un rêve	page 18
A l'intérieur	page 19
Douceur d'un tapis	page 20
L'écoute	page 21
Le lion	page 22
Sous l'armure	page 23
La tendresse est belle	page 24
Le sud	page 25
Fantasme encore	page 26
Douceur	page 27
Le temps au temps	page 28
Avenir	page 29
Entraide	page 30
Rendez vous	page 31
Désormais	page 32
Désir	page 33
Solitaire	page 34
Cœur à corps	page 35
Immunité	page 36
Esthétique	page 37

Sa demande	page 38
Prétention	page 40
Prendre conscience	page 41
Sensibilité	page 42
Nouveau départ	page 43
Tu seras	page 44
A genou	page 45
Dansons	page 46
Ce qui me reste	page 47
Commerçante	page 48
Je t'aime	page 49
Juste pour ton plaisir	page 50
Infirmière	page 52
Un jour une femme	page 54
Bise	page 55
Regard	page 56
Petite fleur des champs	page 57
Professeur	page 58
Journée de la femme	page 60
Gants de velours	page 62
L'essence	page 63
Repos du guerrier pour les yeux d'une belle	page 64
Partie de cartes	page 66
Séduction	page 67
L'inconnue	page 68
Esquisse d'un contour	page 69
Le souffle	page 70
L'écrin	page 71
La muse	page 72
La douceur	page 73

Déjà paru

Recueils poétiques :

« *Poésie source de vie* » Editions Baudelaire

« *La plus belle des créatures : La femme* » Editions BoD

« *Balade poétique en couleur dans le Jura* » Editions BoD

« *Poésie coquine* » Editions 7 écrit

Roman :

« *Un père face au divorce* » Editions BoD